El Libro de la Dieta

El manual de cocina con recetas bajas en sodio.

Reducza su presión sanguínea con comidas rápidas, simples y fáciles de comer todos los días para la hipertensión.

Libro de Cocina.

Sally Plancha

Índice

Índice 4
Calzone de queso vegetal 11
Chili vegetariano mixto 14
Kebabs de calabacín y pimienta 16
Fideos de espárragos y queso 18
Pimientos rellenos de maíz 21
Cáscaras de berenjena rellenas 23
Tacos de verduras del suroeste 25

SOPAS 27

Sopa de pollo y tortilla 27
Sopa de pimienta rellena 29
Sopa de jamón y guisantes 31
Sopa de guisantes 34
Sopa para el día 36
Sopa de calabaza con chipotle 38
Kale Verde 41
Escarola con sopa de frijoles 43
Sopa de calabaza de pollo 45
Sopa de verduras y carne de vacuno 47
Sopa de col, batata y guisantes 49
Sopa de frijoles 51
Arroz integral y sopa de pollo 53
Sopa de brócoli 55
Sopa de jengibre 57
Sabrosa sopa de tofu y champiñones 60
Sopa de berenjena ingeniosa 62
Sopa de coliflor amorosa 64
Sopa de ajo y limón 66
Sopa de pepino 68
Sopa de ajo asado 70
Sopa de zanahoria asada 72
Sopa de calabaza 73
Sopa de coco y aguacate 74
Sopa de rúcula de coco 76
Sopa de repollo 78
Sopa de aguacate con jengibre y calabacín 80
Sopa griega de limón y pollo 82
Sopa de ajo y calabaza 84
Sopa de champiñones dorada 86
Minestrone 88

Sopa de Calabaza de Butternut 90
Sopa de frijoles negros 93
Sopa de garbanzos y coles 95
Sopa de almejas 97
Sopa de pollo y arroz 99
Tom Kha Gai 101
Sopa de maíz y pollo 104
Sopa de jengibre de pavo 106
Sopa de Boda Italiana 108
Sopa de Taco 110
Sopa de salchicha italiana e hinojo 112
Sopa de carne y cebada 114

La información que figura en las páginas siguientes se considera en general una exposición veraz y exacta de los hechos y, como tal, toda falta de atención, utilización o uso indebido de la información en cuestión por parte del lector hará que las acciones resultantes queden únicamente bajo su competencia. No hay ningún escenario en el que el editor o el autor original de esta obra pueda ser considerado de alguna manera responsable de cualquier dificultad o daño que pueda ocurrirles después de emprender la información aquí descrita.

Además, la información que figura en las páginas siguientes tiene fines exclusivamente informativos y, por lo tanto, debe considerarse universal. Como corresponde a su naturaleza, se presenta sin garantías sobre su validez prolongada o su calidad provisional. Las marcas comerciales que se mencionan se hacen sin consentimiento escrito y no pueden considerarse en modo alguno como una aprobación del titular de la marca.

Calzone de queso vegetal

Tiempo de preparación: 15 minutos

Tiempo de cocción: 20 minutos

Porciones: 4

Ingredientes:

- 3 tallos de espárragos, cortados en trozos
- 1/2 taza de espinacas, picadas
- 1/2 taza de brócoli, picado
- 1/2 taza de rebanadas
- 2 cucharadas de ajo, picado
- 2 cucharaditas de aceite de oliva, divididas
- 1/2 libra de masa de pan integral congelada, descongelada
- 1 tomate mediano, en rodajas
- 1/2 taza de mozzarella, rallada
- 2/3 taza de salsa de pizza

Instrucciones:

1. Prepara el horno a 400 grados F para precalentarlo. Engrasa una bandeja de hornear con aceite de cocina y déjala a un lado. Mezcle los espárragos con los champiñones, ajo, brócoli y espinacas en un tazón. Añada una cucharadita de aceite de oliva y mezcle bien. Caliente una sartén engrasada a fuego medio.
2. Añade la mezcla de verduras y saltéala durante 5 minutos. Ponga estas verduras a un lado. Corta la masa de pan en cuartos.
3. Esparce cada cuarto de pan sobre una superficie enharinada en un óvalo. Añade verduras salteadas, 2 cucharadas de queso y una rodaja de tomate a la mitad de cada óvalo.
4. Humedece los bordes de cada óvalo y dobla la masa sobre el relleno vegetal. Pellizque y presione los dos bordes.
5. Coloca estos calzones en la bandeja de hornear. Cepille cada calzone con papel de aluminio y hornee durante 10 minutos. Caliente la salsa de la pizza en una cacerola durante un minuto. Servir el calzone con la salsa de pizza.

Nutricional:

Calorías 198

Grasa 8 g

Sodio 124 mg

Carbohidratos 36 g

Proteína 12 g

Chili vegetariano mixto

Tiempo de preparación: 10 minutos

Hora de cocinar: 36 minutos

Porciones: 4

Ingredientes:

- 1 cucharada de aceite de oliva
- 14 oz. de frijoles negros enlatados, enjuagados y escurridos
- ½ taza de cebolla amarilla picada
- 12 onzas de tofu extra firme, cortado en trozos
- 14 oz. de frijoles enlatados, enjuagados y drenados
- 2 latas (14 oz.) de tomates cortados en dados
- 3 cucharadas de polvo de chile
- 1 cucharada de orégano
- 1 cucharada de cilantro picado (cilantro fresco)

Instrucciones:

1. Toma una olla de sopa y calienta aceite de oliva en ella a fuego medio. Añade las cebollas y saltéalas durante 6 minutos hasta que se ablanden. Añade los tomates, los

frijoles, el chile en polvo, el orégano y los frijoles. Hervirlo primero y luego reducir el calor a fuego lento. Cocine por 30 minutos, luego agregue el cilantro. Servir caliente.

Nutrición:

Calorías 314

Grasa 6 g

Sodio 119 mg

Carbohidratos 46g

Proteína 19 g

Kebabs de calabacín y pimienta

Tiempo de preparación: 15 minutos

Hora de cocinar: 40 minutos

Porciones: 2

Ingredientes:

- 1 calabacín pequeño, cortado en 8 trozos
- 1 cebolla roja, cortada en 4 cuñas
- 1 pimiento verde, cortado en 4 trozos
- 8 tomates cherry
- Setas de 8 botones
- 1 pimiento rojo, cortado en 4 trozos
- 1/2 taza de aderezo italiano, sin grasa
- 1/2 taza de arroz integral
- 1 taza de agua
- 4 pinchos de madera, empapados y drenados

Instrucciones:

1. Mezcla los tomates con el calabacín, la cebolla, los pimientos y los champiñones en un tazón. Añade el aderezo italiano y mézclalo bien para cubrir las

verduras. Marínelos durante 10 minutos. Hervir el agua con el arroz en una cacerola, luego reducir el calor a fuego lento.

2. Cubre el arroz y cocínalo durante 30 minutos hasta que el arroz esté listo. Mientras tanto, prepara la parrilla y precaliéntala a fuego medio. Engrasa la rejilla de la parrilla con spray de cocina y colócala a 4 pulgadas sobre el calor.
3. Poner 2 setas, 2 tomates y 2 rodajas de calabacín junto con 1 trozo de cebolla, 1 rodaja de pimiento verde y rojo en cada brocheta. Asar estos kebabs durante 5 minutos por cada lado. Servir calientes con arroz hervido.

Nutrición:
Calorías 335
Grasa 8,2 g
Sodio 516 mg
Carbohidratos 67 g
Proteína 8,8 g

Fideos de espárragos y queso

Tiempo de preparación: 10 minutos

Tiempo de cocción: 15 minutos

Porciones: 4

Ingredientes:

- 2 cucharaditas de aceite de oliva, divididas
- 6 espárragos, cortados en trozos
- 4 oz. de fideos integrales secos
- 1 tomate mediano, picado
- 1 cucharada de ajo, picado
- 2 cucharadas de albahaca fresca, picada
- 4 cucharadas de parmesano, recién rallado, dividido
- 1/8 de cucharadita de pimienta negra molida

Instrucciones:

1. Añade una cucharadita de aceite a una sartén y caliéntala. Añade los espárragos y saltéalos hasta que se doren.
2. Corta los espárragos salteados en trozos de una pulgada. Llena una salsera con agua hasta ¾ llena.

Después de hervir el agua, agrega la pasta y cocina por 10 minutos hasta que esté todo listo.

3. Escurrir y enjuagar la pasta bajo el agua del grifo. Añada la pasta a un bol grande, luego añada aceite de oliva, tomate, ajo, espárragos, albahaca, ajo y parmesano. Servir con pimienta negra encima.

Nutrición:
Calorías 325
Grasa 8 g
Sodio 350 mg
Carbohidratos 48 g
Proteína 7,3 g

Pimientos rellenos de maíz

Tiempo de preparación: 10 minutos

Hora de cocinar: 35 minutos

Porciones: 4

Ingredientes:

- 4 pimientos rojos o verdes
- 1 cucharada de aceite de oliva
- ¼ taza de cebolla, picada
- 1 pimiento verde, picado
- 2 1/2 tazas de granos de maíz fresco
- 1/8 de cucharadita de chile en polvo
- 2 cucharadas de perejil fresco picado
- 3 claras de huevo
- 1/2 taza de leche desnatada
- 1/2 taza de agua

Instrucciones:

1. Prepara el horno a 350 F para precalentarlo. Ponga una capa de aerosol de cocina en un plato para hornear. Cortar los pimientos por arriba y quitarles las semillas

por dentro. Ponga los pimientos en su bandeja de hornear con el lado cortado hacia arriba.

2. Añade el aceite a una sartén, y luego caliéntala a fuego medio. Añade la cebolla, el maíz y el pimiento verde. Saltear durante 5 minutos. Añada el cilantro y el chile en polvo. Cambie el fuego a bajo. Mezclar la leche y las claras de huevo en un tazón. Vierta esta mezcla en la sartén y cocine por 5 minutos mientras revuelve.
3. Divide esta mezcla en cada pimiento. Añade un poco de agua a la bandeja de hornear. Cubrir los pimientos rellenos con una hoja de aluminio. Hornea durante 15 minutos, luego sirve caliente.

Nutrición:

Calorías 197

Grasa 5 g

Sodio 749 mg

Carbohidratos 29 g

Proteína 9 g

Cáscaras de berenjena rellenas

Tiempo de preparación: 10 minutos

Tiempo de cocción: 25 minutos

Porciones: 2

Ingredientes:

- 1 berenjena mediana
- 1 taza de agua
- 1 cucharada de aceite de oliva
- 4 oz. de frijoles blancos cocidos
- 1/4 de taza de cebolla, picada
- 1/2 taza de pimientos rojos, verdes o amarillos, picados
- 1 taza de tomates sin sal enlatados
- 1/4 taza de líquido de tomate
- 1/4 de taza de apio, picado
- 1 taza de champiñones frescos, en rodajas
- 3/4 de taza de migas de pan integral
- Pimienta negra recién molida, a gusto

Instrucciones:

1. Prepara el horno a 350 grados F para precalentarlo. Engrasar una bandeja de hornear con spray de cocina y dejarla a un lado. Recorta y corta la berenjena por la mitad, a lo largo. Saque la pulpa con una cuchara y deje la cáscara de unos ¼ pulgadas de espesor.
2. Coloca las cáscaras en la bandeja de hornear con el lado cortado hacia arriba. Añade agua al fondo del plato. Cortar la pulpa de berenjena en cubos y dejarlos a un lado. Añade aceite a una sartén de hierro y caliéntala a fuego medio. Añade las cebollas, los pimientos, la berenjena picada, los tomates, el apio, los champiñones y el jugo de tomate.
3. Cocina durante 10 minutos a fuego lento, luego agrega los frijoles, la pimienta negra y el pan rallado. Dividir esta mezcla en las cáscaras de berenjena. Cubrir las cáscaras con una hoja de papel de aluminio y hornear durante 15 minutos. Servir caliente.

Nutrición:

Calorías 334

Grasa 10 g

Sodio 142 mg

Carbohidratos 35 g

Proteína 26 g

Tacos de verduras del suroeste

Tiempo de preparación: 10 minutos

Tiempo de cocción: 20 minutos

Porciones: 4

Ingredientes:

- 1 cucharada de aceite de oliva
- 1 taza de cebolla roja, picada
- 1 taza de calabaza amarilla de verano, cortada en cubos
- 1 taza de calabacín verde, cortado en dados
- 3 dientes de ajo grandes, picados
- 4 tomates medianos, sin semillas y picados
- 1 chile jalapeño, sin semillas y picado
- 1 taza de granos de maíz fresco
- 1 taza de pinto enlatado, enjuagado y escurrido
- 1/2 taza de cilantro fresco, picado
- 8 tortillas de maíz
- 1/2 taza de salsa con sabor a humo

Instrucciones:

1. Añade el aceite de oliva a una cacerola, y luego caliéntalo a fuego medio. Añade la cebolla y saltéala hasta que esté blanda. Añada el calabacín y la calabaza de verano. Cocine por 5 minutos.
2. Añade los granos de maíz, el jalapeño, el ajo, los frijoles y los tomates. Cocine por otros 5 minutos. Añadan el cilantro y luego retiren la cacerola del fuego.
3. Calienta cada tortilla en una sartén antiadherente seca durante 20 segundos por cada lado. Coloca la tortilla en el plato de servir. Poner la mezcla de verduras en cada tortilla. Cubrir la mezcla con salsa. Servir.

Nutrición:
Calorías 310
Grasa 6 g
Sodio 97 mg
Carbohidratos 54 g
Proteína 10g

Sopas

Sopa de pollo y tortilla

Tiempo de preparación: 15 minutos

Tiempo de cocción: 6 horas

Porciones: 12

Ingredientes:

- 3 Pechugas de pollo (sin hueso y sin piel)
- 15 onzas de tomates cortados en cubos
- 10 onzas de salsa enchilada
- 1 cebolla picada (med.)
- 4 onzas de chile picado (verde)
- 3 dientes picados Ajo
- 2 tazas de agua
- 14,5 onzas de caldo de pollo (sin grasa)
- 1 cucharada de comino
- 1 tbs. de polvo de chile
- 1 cucharadita de sal

- ¼ tsp. Black Pepper
- Hoja de laurel
- 1 cucharada de cilantro (picado)
- 10 onzas de maíz congelado
- 3 tortillas, cortadas en rodajas finas

Instrucciones:

1. Ponga todos los arreglos listados en la olla de cocción lenta. Revuelva bien para mezclar. Cocine a fuego lento dentro de 8 horas o a fuego alto durante 6 horas. Desmenuce las pechugas de pollo en un plato. Añada el pollo a los demás ingredientes. Sirva caliente, adornado con rodajas de tortilla.

Nutrición:
Calorías 93,4
Grasa 1,9 g
Colesterol 18,6
Sodio 841,3 mg
Hidratos de carbono 11,9 g
Fibra 2,1 g
Proteína 8,3 g

Sopa de pimienta rellena

Tiempo de preparación: 15 minutos

Tiempo de cocción: 8 horas y 10 minutos

Porciones: 6

Ingredientes:

- 1 lb. de carne de res molida (drenada)
- 1 cebolla picada (grande)
- 2 tazas de tomates (en cubitos)
- 2 pimientos verdes picados
- 2 tazas de salsa de tomate
- 1 cucharada de caldo de carne.
- 3 tazas de agua
- Pimienta
- 1 cucharadita de sal
- 1 taza de arroz cocido (blanco)

Instrucciones:

1. Coloca todos los ingredientes en una cocina. Cocine durante 8 horas en "baja". Servir caliente.

Nutrición:

Calorías 216,1

Grasa 5.1 g

Colesterol 43,4 mg

Sodio 480.7 mg

Hidratos de carbono 21,8 mg

Fibra 2,5 g

Proteína 18,8 g

Sopa de jamón y guisantes

Tiempo de preparación: 15 minutos

Tiempo de cocción: 8 horas

Porciones: 8

Ingredientes:

- 1 libra de guisantes partidos (secos)
- 1 taza de apio en rodajas
- 1 taza de zanahorias en rodajas
- 1 taza de cebolla en rodajas
- 2 tazas de jamón picado (cocido)
- 8 tazas de agua

Instrucciones:

1. Coloca todos los arreglos enumerados en la olla de cocción lenta. Cocine en "alta" dentro de 4 horas. Servir caliente.

Nutrición:

- Calorías 118,6
- Grasa 1,9 g
- Colesterol 15,9 mg
- Sodio 828,2 mg
- Hidratos de carbono 14,5 mg

- Fibra 5,1 g
- Proteína 11,1 g

Sopa de guisantes

Tiempo de preparación: 15 minutos

Tiempo de cocción: 8 horas

Porciones: 8

Ingredientes:

- 16 oz. de guisantes partidos (secos)
- 1 taza de zanahorias bebé picadas
- 1 cebolla picada (blanca)
- 3 hojas de laurel
- Jamón de pavo en cubos de 10 onzas
- 4 cubos de caldo de pollo
- 7 tazas de agua

Instrucciones:

1. Enjuague y escurra los guisantes. Poner todos los arreglos en la olla de cocción lenta. Cocinar a fuego lento durante 8 horas. Servir caliente.

Nutrición:

Calorías 122,7

Grasa 2 g

Colesterol 24 mg

Sodio 780,6 mg

Hidratos de carbono 15 mg

Fibra 5,2 g

Proteína 11,8 g

Sopa para el día

Tiempo de preparación: 15 minutos

Tiempo de cocción: 10 horas y 10 minutos

Porciones: 8

Ingredientes:

- 1 filete de carne (en cubos)
- 1 cebolla picada (med.)
- 1 cucharada de aceite de oliva
- 5 medicamentos en rodajas finas. Zanahorias
- 4 tazas de repollo
- 4 patatas rojas en dados
- 2 trozos de apio
- 2 latas de tomates, cortados en cubos
- 2 latas de caldo de carne
- 1 cucharadita de azúcar
- 1 lata de sopa de tomate
- 1 cucharadita de copos de perejil (seco)
- 2 cucharaditas de condimento italiano

Instrucciones:

1. En una sartén, saltee la cebolla y el filete en aceite. Transfiera la mezcla salteada a la olla de cocción lenta. Poner el resto de la preparación en la olla de cocción lenta. Cocinar a fuego lento durante 10 horas. Servir caliente.

Nutrición:
Calorías 259,6
Grasa 6,7 g
Colesterol 29,8 mg
Sodio 699,2 mg
Hidratos de carbono 31,6 mg
Fibra 4,6 g
Proteína 18,9 g

Sopa de calabaza con chipotle

Tiempo de preparación: 15 minutos

Hora de cocinar: 4 horas y 20 minutos

Porciones: 6

Ingredientes:

- 6 tazas de calabaza (en cubos)
- ½ taza de cebolla picada
- 2 cdtas. de chipotle Adobo
- 2 tazas de caldo de pollo
- 1 cucharada de azúcar moreno
- ¼ taza de manzana agria (picada)
- 1 taza de yogur (estilo griego)
- 2 cucharadas de cebollino (picado)

Instrucciones:

1. Excepto el yogur, el cebollino y la manzana, pongan todos los ingredientes en la olla de cocción lenta. Cocine a fuego lento durante 4 horas. Ahora, en una licuadora o procesador de alimentos, haga puré los ingredientes cocinados. Transfiera el puré a la olla de cocción lenta.

2. Ponga el yogur y cocínelo en "Bajo" dentro de 20 minutos más. Adorne con cebollino y manzanas. Servir caliente en tazones calentados.

Nutrición:

Calorías 102

Grasa 11 g

Colesterol 2 mg

Sodio 142 mg

Hidratos de carbono 22 mg

Fibra 3 g

Proteína 4 g

Kale Verde

Tiempo de preparación: 15 minutos

Tiempo de cocción: 6 horas

Porciones: 6

Ingredientes:

- ¼ taza de aceite de oliva (extra virgen)
- 1 Cebolla Amarilla (grande)
- 2 dientes Ajo
- 2 onzas de tomates secos
- 2 tazas de papas amarillas (en cubitos)
- Tomates de 14 onzas (en cubos)
- 6 tazas de caldo de pollo
- Pimienta blanca (molida)
- 1 libra de col rizada picada

Instrucciones:

1. Saltee la cebolla durante 5 minutos en aceite. Añade el ajo y saltéalo de nuevo durante 1 minuto. Transfiera la mezcla salteada a la olla de cocción lenta. Ponga el resto de la preparación, excepto la pimienta, en la olla de

cocción lenta. Cocine a fuego lento durante 6 horas. Sazonar con pimienta blanca al gusto. Servir caliente en tazones calentados

Nutrición:

Calorías 257

Grasa 22 g

Colesterol 3 mg

Sodio 239 mg

Hidratos de carbono 27 mg

Fibra 6 g

Proteína 14 g

Escarola con sopa de frijoles

Tiempo de preparación: 15 minutos

Tiempo de cocción: 6 horas

Porciones: 6

Ingredientes:

- 1 cucharada de aceite de oliva
- 8 dientes aplastados Ajo
- 1 taza de cebollas picadas
- 1 zanahoria en trozos
- 3 cucharaditas de albahaca (seca)
- 3 cucharaditas de orégano (seco)
- 4 tazas de caldo de pollo
- 3 tazas de Escarola picada
- 1 taza de frijoles del norte (secos)
- Queso parmesano (rallado)
- 14 onzas o Tomates (en cubitos)

Instrucciones:

1. Saltee el ajo durante 2 minutos en aceite usando una olla grande. Excepto el queso, el caldo y los frijoles, agregue el resto de los ingredientes y cocine por 5 minutos. Transfiera los ingredientes cocinados a la olla de cocción lenta.
2. Mezcla el caldo y los frijoles. Cocine a fuego lento durante 6 horas. Adornar con queso. Servir caliente en tazones calientes.

Nutrición:

Calorías 98

Grasa 33 g

Colesterol 1 mg

Sodio 115 mg

Hidratos de carbono 14 mg

Fibra 3 g

Proteína 8 g

Sopa de calabaza de pollo

Tiempo de preparación: 15 minutos

Tiempo de cocción: 5 horas y 30 minutos

Porciones: 3

Ingredientes:

- ½ Calabaza de Butternut (grande)
- 1 diente de ajo
- 1 ¼ cuartos de caldo (de verdura o pollo)
- 1/8 cucharadita de pimienta (blanca)
- ½ cucharadas de perejil picado
- 2 hojas de salvia picadas
- 1 cucharada de aceite de oliva
- ¼ cebolla picada (blanca)
- 1/16 cucharadita de pimienta negra (agrietada)
- 1/2 cucharada de Pepper Flakes (chile)
- ½ cdta. de romero picado

Instrucciones:

1. Precaliente el horno a 400 grados. Engrasar una bandeja de hornear. Asa la calabaza en un horno precalentado durante 30 minutos. Pásala a un plato y déjala enfriar. Saltear la cebolla y el ajo en el aceite.
2. Ahora, saca la carne de la calabaza asada y añádela a la cebolla y el ajo salteados. Tritúralo todo bien. Vierta ½ cuarto de galón de caldo en la olla de cocción lenta. Añadan la mezcla de calabaza. Cocine a fuego lento durante 4 horas. Usando una licuadora, haga un puré suave.
3. Transfiera el puré a la olla de cocción lenta. Añade el resto del caldo y otros ingredientes. Cocine de nuevo durante 1 hora en "alto". Servir en tazones de sopa calentados.

Nutrición:

Calorías 158

Grasas 6 g

Sodio 699 mg

Hidratos de carbono 24 mg

Fibra 6 g

Proteína 3 g

Sopa de verduras y carne de vacuno

Tiempo de preparación: 15 minutos

Hora de cocinar: 4 horas

Porciones: 4

Ingredientes:

- 1 Zanahoria picada
- 1 costilla de apio picada
- ¾ l. Solomillo (tierra)
- 1 taza de agua
- ½ Calabaza de Butternut (grande)
- 1 diente de ajo
- ½ cuarto de galón Caldo de carne
- 7 onzas de tomates cortados en cubos (sin sal)
- ½ tsp. Kosher Salt
- 1 cucharada de perejil picado
- ¼ cdta. Tomillo (seco)
- ¼ cdta. Pimienta negra (molida)
- ½ Hoja de la Bahía

Instrucciones:

1. Saltee todas las verduras en aceite. Ponga las verduras a un lado, y luego ponga el solomillo en el centro. Saltear, usando una cuchara para desmenuzar la carne. Cuando esté cocido, combínelo con las verduras a los lados de la sartén.

2. Ahora, vierta el resto de los ingredientes en la olla de cocción lenta. Añade la carne y las verduras cocidas. Revuelva bien. Cocine a fuego lento durante 3 horas. Servir en tazones de sopa.

Nutrición:

Calorías 217

Grasas 7 g

Colesterol 53 mg

Sodio 728 mg

Hidratos de carbono 17 mg

Fibra 5 g

Proteína 22 g

Sopa de col, batata y guisantes

Tiempo de preparación: 15 minutos

Hora de cocinar: 4 horas

Porciones: 4

Ingredientes:

- 3 1/2 onzas de filete de jamón, picado
- ½ Cebolla amarilla picada
- ½ Lb. de batatas en rodajas
- ¼ cdta. Pimiento rojo (picante y aplastado)
- ½ taza de guisantes congelados (de ojos negros)
- ½ cucharada de aceite de canola
- 1 diente de ajo picado
- 1 ½ taza de agua
- ¼ tsp. Sal
- 2 tazas de col rizada (en juliana y sin tallos)

Instrucciones:

1. Saltee el jamón con ajo y cebolla en aceite. En una olla de cocción lenta, coloque los demás ingredientes excepto la col y los guisantes.

2. Añada la mezcla de jamón. Cocine a fuego lento durante 3 horas. Ahora, agregue la col y los guisantes y cocine de nuevo durante una hora a fuego lento. Servir en tazones de sopa.

Nutrición:

Calorías 172

Grasas 4 g

Sodio 547 mg

Hidratos de carbono 24 mg

Fibra 4 g

Proteína 11 g

Sopa de frijoles

Tiempo de preparación: 15 minutos

Tiempo de cocción: 5 horas

Porciones: 4

Ingredientes:

- ½ taza Frijoles pintos (secos)
- ½ Hoja de la Bahía
- 1 diente de ajo
- ½ cebolla (blanca)
- 2 tazas de agua
- 2 cucharadas de cilantro (picado)
- 1 cubo de aguacate
- 1/8 de taza de cebolla blanca (picada)
- ¼ taza Tomates Roma (picados)
- 2 cucharadas de salsa de pimienta (chipotle)
- ¼ tsp. Kosher Salt
- 2 cucharadas de Cilantro picado
- 2 cdas. de queso Monterrey Jack bajo en grasa, rallado.

Instrucciones:

1. Poner agua, sal, cebolla, pimienta, ajo, laurel y frijoles en la olla de cocción lenta. Cocine a fuego alto durante 5-6 horas. Deseche la hoja de laurel. Servir en tazones calientes.

Nutrición:

Calorías 258

Grasas 19 g

Colesterol 2 mg

Sodio 620 mg

Hidratos de carbono 25 mg

Fibra 11 g

Proteína 8 g

Arroz integral y sopa de pollo

Tiempo de preparación: 15 minutos

Hora de cocinar: 4 horas

Porciones: 4

Ingredientes:

- 1/3 de taza de arroz integral
- 1 puerro picado
- 1 rebanada de costilla de apio
- 1 ½ tazas de agua
- ½ tsp. Kosher Salt
- ½ Hoja de la Bahía
- 1/8 cucharadita de tomillo (seco)
- ¼ cdta. Pimienta negra (molida)
- 1 cucharada de perejil picado
- ½ cuarto de galón Caldo de pollo (bajo en sodio)
- 1 zanahoria en rodajas
- ¾ lb. de Muslos de Pollo (piel y deshuesado)

Instrucciones:

1. Hervir 1 taza de agua con ½ cdta. de sal en una cacerola. Añadir el arroz. Cocinar durante 30 minutos a fuego medio. Dorar los trozos de pollo en el aceite. Pasa el pollo a un plato cuando esté listo.
2. En la misma sartén, saltee las verduras durante 3 minutos. Ahora, coloca los trozos de pollo en la olla de cocción lenta. Añade agua y caldo. Cocina a fuego lento durante 3 horas. Poner el resto de la preparación, el arroz al final. Cocinar de nuevo durante 10 minutos en "alto". Después de desechar la hoja de laurel, servir en tazones de sopa

Nutrición:

Calorías 208

Grasas 6 g

Colesterol 71 mg

Sodio 540 mg

Hidratos de carbono 18 mg

Fibra 2 g

Proteína 20 g

Sopa de brócoli

Tiempo de preparación: 15 minutos

Hora de cocinar: 3 horas

Porciones: 2

Ingredientes:

- 4 tazas de brócoli picado
- ½ taza de cebolla picada (blanca)
- 1 ½ taza de caldo de pollo (bajo en sodio)
- 1/8 cucharadita de pimienta negra (agrietada)
- 1 cucharada de aceite de oliva
- 1 Diente de ajo
- 1/16 cucharadita de copos de pimienta (chile)
- ¼ taza de leche (baja en grasa)

Instrucciones:

1. En la olla de cocción lenta, cubra el brócoli con agua y cocínelo durante una hora a fuego alto. Déjelo a un lado después de escurrirlo. Saltear la cebolla y el ajo en aceite y transferirlos a la olla de cocción lenta cuando estén hechos. Añada el caldo.

2. Cocina en "baja" durante 2 horas. Pasar la mezcla a una licuadora y hacer un puré suave. Añada pimienta negra, leche y hojuelas de pimienta al puré. Hervir brevemente. Servir la sopa en tazones calientes.

Nutrición:

Calorías 291

Grasas 14 g

Colesterol 24 mg

Sodio 227 mg

Hidratos de carbono 28 mg

Fibra 6 g

Proteína 17 g

Sopa de jengibre

Tiempo de preparación: 5 minutos

Tiempo de cocción: 5 minutos

Porciones: 4

Ingredientes:

- 3 tazas de leche de almendras y coco
- 2 tazas de agua
- ½ libra de pechuga de pollo deshuesada en mitades, cortada en trozos
- 3 cucharadas de raíz de jengibre fresca, picada
- 2 cucharadas de salsa de pescado
- ¼ taza de jugo de lima fresco
- 2 cucharadas de cebollas de verdeo, en rodajas
- 1 cucharada de cilantro fresco, picado

Instrucciones:

1. Toma una cacerola y añade leche de almendras y coco y agua. Ponga la mezcla a hervir y añada las tiras de pollo. Ajustar el fuego a medio, y luego hervir a fuego lento durante 3 minutos. Añade el jengibre, el jugo de limón y la salsa de pescado. Espolvorea unas cuantas cebollas de verdeo y cilantro.

Nutrición:

Calorías: 415

Grasa: 39g

Hidratos de carbono: 8g

Proteína: 14g

Sodio: 150 mg

Sabrosa sopa de tofu y champiñones

Tiempo de preparación: 15 minutos

Tiempo de cocción: 10 minutos

Porciones: 8

Ingredientes:

- 3 tazas de caldo dashi preparado
- ¼ taza de hongos shiitake, en rodajas
- 1 cucharada de pasta de miso
- 1 cucharada de aminos de coco
- 1/8 de taza de tofu suave en cubos
- 1 cebolla verde, cortada en cubitos

Instrucciones:

1. Coge una cacerola y añade el caldo; ponlo a hervir. Añade los champiñones y cocina durante 4 minutos. Coge un bol y añade los aminos de coco, las pastas de miso y mezcla bien. Vierte la mezcla en el caldo y déjala cocer durante 6 minutos a fuego lento. Añade las cebollas de verdeo picadas y disfruta!

Nutrición:

Calorías: 100

Grasa: 4g

Hidratos de carbono: 5g

Proteína: 11

Sodio: 87 mg

Sopa de berenjena ingeniosa

Tiempo de preparación: 15 minutos

Tiempo de cocción: 15 minutos

Porciones: 8

Ingredientes:

- 1 berenjena grande, lavada y cortada en cubos
- 1 tomate, sin semillas y picado
- 1 cebolla pequeña, cortada en cubitos
- 2 cucharadas de perejil, picado
- 2 cucharadas de aceite de oliva extra virgen
- 2 cucharadas de vinagre blanco destilado
- ½ taza de queso parmesano, desmenuzado
- Semillas de girasol según sea necesario

Instrucciones:

1. Precalienta tu parrilla de exterior a media-alta. Perfore la berenjena unas cuantas veces con un cuchillo/horquilla. Cocine las berenjenas en su parrilla durante unos 15 minutos hasta que se carbonicen. Ponlas a un lado y déjalas enfriar.

2. Quita la piel de la berenjena y corta la pulpa en dados. Póngala en un recipiente y añada perejil, cebolla, tomate, aceite de oliva, queso feta y vinagre. Mezclar bien y enfriar durante 1 hora. Sazonar con semillas de girasol y disfrutar!

Nutrición:

Calorías: 99

Grasa: 7g

Hidratos de carbono: 7g

Proteína:3.4g

Sodio: 90 mg

Sopa de coliflor amorosa

Tiempo de preparación: 15 minutos

Tiempo de cocción: 10 minutos

Porciones: 6

Ingredientes:

- 4 tazas de caldo vegetal
- Coliflor de una libra, recortada y picada
- 7 onzas de requesón Kite/queso masticable.
- 4 onzas de mantequilla de almendra
- Semillas de girasol y pimienta al gusto

Instrucciones:

1. Poner mantequilla de almendra y derretirla en una sartén a fuego medio. Añade la coliflor y saltéala durante 2 minutos. Añada el caldo y haga hervir la mezcla.
2. Cocina hasta que la coliflor esté al dente. Añade el queso crema, las semillas de girasol y la pimienta. Haga un puré con la mezcla usando una licuadora de inmersión. Sirva y disfrute!

Nutrición:

Calorías: 143

Grasa: 16g

Hidratos de carbono: 6g

Proteína: 3.4g

Sodio: 510 mg

Sopa de ajo y limón

Tiempo de preparación: 15 minutos

Tiempo de cocción: 0 minutos

Porciones: 3

Ingredientes:

- 1 aguacate, deshuesado y picado
- 1 pepino, picado
- 2 ramos de espinacas
- 1 ½ tazas de sandía, picada
- 1 manojo de cilantro, picado en bruto
- Jugo de 2 limones
- ½ taza de aminos de coco
- ½ taza de jugo de lima

Instrucciones:

1. Añade pepino, aguacate a tu licuadora, y pulsa bien. Añade el cilantro, la espinaca y la sandía y licúa. Añada el limón, el jugo de limón y el aminoácido de coco. Pulsa unas cuantas veces más. Páselo a un tazón de sopa y disfrute!

Nutrición:

Calorías: 100

Grasa: 7g

Hidratos de carbono: 6g

Proteína: 3g

Sodio: 0 mg

Sopa de pepino

Tiempo de preparación: 15 minutos

Tiempo de cocción: 0 minutos

Porciones: 4

Ingredientes:

- 2 cucharadas de ajo, picado
- 4 tazas de pepinos ingleses, pelados y cortados en cubitos
- ½ taza de cebollas, picadas
- 1 cucharada de jugo de limón
- 1 ½ tazas de caldo de verduras
- ½ cucharadita de semillas de girasol
- ¼ cucharadita de copos de pimienta roja
- ¼ taza de perejil, en cubitos
- ½ taza de yogur griego, simple

Instrucciones:

1. Ponga el fijador listado en una licuadora y mézclelo para emulsionar (mantenga a un lado ½ taza de pepinos picados). Mezclar hasta que esté suave. Dividir

la sopa entre 4 porciones y cubrir con pepinos extra. Disfrute de la refrigeración!

Nutrición:

Calorías: 371

Grasa: 36g

Hidratos de carbono: 8g

Proteína: 4g

Sodio: 40 mg

Sopa de ajo asado

Tiempo de preparación: 15 minutos

Tiempo de cocción: 60 minutos

Porciones: 10

Ingredientes:

- 1 cucharada de aceite de oliva
- 2 bulbos de ajo, pelados
- 3 chalotas, picadas
- 1 coliflor de cabeza grande, picada
- 6 tazas de caldo de verduras
- Semillas de girasol y pimienta al gusto

Instrucciones:

1. Calienta tu horno a 400 grados F. Corta ¼ pulgadas de la parte superior del bulbo de ajo y colócalo en papel de aluminio. Engráselo con aceite de oliva y áselo en el horno durante 35 minutos. Exprima la carne del ajo asado.

2. Calentar el aceite en una cacerola y añadir las chalotas, saltear durante 6 minutos. Añade el ajo y los

ingredientes restantes. Ajuste el calor a bajo. Deje que se cocine durante 15-20 minutos.

3. Haga puré la mezcla con una licuadora de inmersión. Sazonar la sopa con semillas de girasol y pimienta. Sirva y disfrute!

Nutrición:

Calorías: 142

Grasa: 8g

Hidratos de carbono: 3.4g

Proteína: 4g

Sodio: 548 mg

Sopa de zanahoria asada

Tiempo de preparación: 15 minutos

Tiempo de cocción: 50 minutos

Porciones: 4

Ingredientes:

- 8 zanahorias grandes, lavadas y peladas
- 6 cucharadas de aceite de oliva
- Caldo de un cuarto de galón
- Pimienta de cayena a gusto
- Semillas de girasol y pimienta al gusto

Instrucciones:

1. Caliente el horno a 425 grados F. Tome una bandeja para hornear, añada zanahorias, rocíe aceite de oliva y ase durante 30-45 minutos. Ponga las zanahorias asadas en una licuadora y añada el caldo, el puré. Viértalo en una cacerola y calienta la sopa. Sazonar con semillas de girasol, pimienta y cayena. Rocíe con aceite de oliva. Servir y disfrutar!

Nutrición:

Calorías: 222

Grasa: 18g

Carbohidratos netos: 7g

Proteína: 5g

Sodio: 266 mg

Sopa de calabaza

Tiempo de preparación: 15 minutos

Tiempo de cocción: 6 horas

Porciones: 4

Ingredientes:

- 1 calabaza pequeña, cortada por la mitad, pelada, sin semillas, cortada en cubos
- 2 tazas de caldo de pollo
- 1 taza de leche de coco
- Pimienta y tomillo a gusto

Instrucciones:

1. Añade todos los ingredientes a una olla. Cocina durante 6-8 horas a fuego lento. Haga un puré suave con una licuadora. Adornar con semillas tostadas. Sirve y disfruta!

Nutrición:

Calorías: 60

Grasa: 2g

Hidratos de carbono: 10g

Proteína: 3g

Sodio: 10 mg

Sopa de coco y aguacate

Tiempo de preparación: 15 minutos

Tiempo de cocción: 10 minutos

Porciones: 4

Ingredientes:

- 2 tazas de caldo vegetal
- 2 cucharaditas de pasta de curry verde tailandés
- Pimienta según sea necesario
- 1 aguacate, picado
- 1 cucharada de cilantro, picado
- Cuñas de cal
- 1 taza de leche de coco

Instrucciones:

1. Añade la leche, el aguacate, la pasta de curry, la pimienta a la licuadora y bátelo. Tome una cacerola y colóquela a fuego medio. Añade la mezcla y calienta, y cocina a fuego lento durante 5 minutos. Añade el condimento, el cilantro y hierve a fuego lento durante 1 minuto. Sirve y disfruta!

Nutrición:

Calorías: 250

Grasa: 30g

Hidratos de carbono: 2g

Proteína: 4g

Sodio: 378 mg

Sopa de rúcula de coco

Tiempo de preparación: 15 minutos

Tiempo de cocción: 10 minutos

Porciones: 4

Ingredientes:

- Pimienta negra según sea necesario
- 1 cucharada de aceite de oliva
- 2 cucharadas de cebollino picado
- 2 dientes de ajo, picados
- 10 onzas de rúcula bebé
- 2 cucharadas de estragón, picado
- 4 cucharadas de yogur de leche de coco
- 6 tazas de caldo de pollo
- 2 cucharadas de menta, picada
- 1 cebolla, picada
- ½ taza de leche de coco

Instrucciones:

1. Coge una cacerola y colócala a fuego medio-alto, añade aceite y deja que se caliente. Ponga la cebolla y el ajo y fríalos en 5 minutos. Añade el caldo y reduce el fuego, deja que se cocine a fuego lento.
2. Añade el estragón, la rúcula, la menta, el perejil y cocina durante 6 minutos. Mezclar con el condimento, cebollino, yogur de coco, y servir.

Nutrición:

Calorías: 180

Grasa: 14g

Hidratos de carbono: 20g

Proteína: 2g

Sodio: 362 mg

Sopa de repollo

Tiempo de preparación: 15 minutos

Tiempo de cocción: 25 minutos

Porciones: 3

Ingredientes:

- 3 tazas de caldo de carne sin grasa
- 2 dientes de ajo, picados
- 1 cucharada de pasta de tomate
- 2 tazas de repollo, picado
- ½ cebolla amarilla
- ½ taza de zanahoria, picada
- ½ taza de judías verdes
- ½ taza de calabacín, picado
- ½ cucharadita de albahaca
- ½ cucharilla de orégano
- Semillas de girasol y pimienta según sea necesario

Instrucciones:

1. Engrasar una olla con spray de cocina antiadherente. Colóquela a fuego medio y deje que el aceite se caliente. Añade las cebollas, las zanahorias y el ajo y saltéalo durante 5 minutos. Añada caldo, pasta de tomate, judías verdes, col, albahaca, orégano, semillas de girasol y pimienta.
2. Hervir toda la mezcla y reducir el calor, cocer a fuego lento durante 5-10 minutos hasta que todas las verduras estén tiernas. Añade el calabacín y déjalo cocer a fuego lento durante 5 minutos más. Cortar el calor y disfrutar!

Nutrición:

Calorías: 22

Grasa: 0g

Hidratos de carbono: 5g

Proteína: 1g

Sodio: 200 mg

Sopa de aguacate con jengibre y calabacín

Tiempo de preparación: 15 minutos

Tiempo de cocción: 25 minutos

Porciones: 3

Ingredientes:

- 1 pimiento rojo, picado
- 1 aguacate grande
- 1 cucharadita de jengibre, rallado
- Pimienta según sea necesario
- 2 cucharadas de aceite de aguacate
- 4 cebolletas, picadas
- 1 cucharada de jugo de limón
- 29 onzas de caldo vegetal
- 1 diente de ajo, picado
- 2 calabacines, picados
- 1 taza de agua

Instrucciones:

1. Coge una sartén y ponla a fuego medio, añade la cebolla y fríe durante 3 minutos. Añade el jengibre, el ajo y cocina durante 1 minuto. Mezclar el condimento, el caldo de calabacín, el agua y hervir durante 10 minutos.
2. Retire la sopa del fuego y déjela reposar; mezcle el aguacate y bátalo con una licuadora de inmersión. Calentar a fuego lento durante un tiempo. Ajustar el condimento y agregar el jugo de limón, el pimiento. Sirva y disfrute!

Nutrición:

Calorías: 155

Grasa: 11g

Hidratos de carbono: 10g

Proteína: 7g

Sodio: 345 mg

Sopa griega de limón y pollo

Tiempo de preparación: 15 minutos

Hora de cocinar: 30 minutos

Porciones: 4

Ingredientes:

- 2 tazas de pollo cocido, picado
- 2 zanahorias medianas, picadas
- ½ taza de cebolla picada
- ¼ taza de jugo de limón
- 1 diente de ajo, picado
- 1 lata de crema de sopa de pollo, sin grasa y baja en sodio
- 2 latas de caldo de pollo, sin grasa
- ¼ cucharadita de pimienta negra molida
- 2/3 taza de arroz de grano largo
- 2 cucharadas de perejil, cortadas

Instrucciones:

1. Ponga todos los ingredientes de la lista en una olla (excepto el arroz y el perejil). Sazone con semillas de

girasol y pimienta. Poner la mezcla a hervir a fuego medio-alto. Añada el arroz y ponga el fuego a medio.

2. Cocine a fuego lento en 20 minutos hasta que el arroz esté tierno. Adorne el perejil, y disfrute!

Nutrición:

Calorías: 582

Grasa: 33g

Hidratos de carbono: 35g

Proteína: 32g

Sodio: 210 mg

Sopa de ajo y calabaza

Tiempo de preparación: 15 minutos

Tiempo de cocción: 5 horas

Porciones: 4

Ingredientes:

- Trozos de calabaza de una libra
- 1 cebolla, cortada en cubitos
- 2 tazas de caldo vegetal
- 1 2/3 tazas de crema de coco
- ½ mantequilla de almendra en barra
- 1 cucharadita de ajo, machacado
- 1 cucharadita de jengibre, aplastado
- Pimienta al gusto

Instrucciones:

1. Añade todos los accesorios a tu olla de cocción lenta. Cocine durante 4-6 horas a fuego alto. Haga puré la sopa usando su licuadora de inmersión. Sirva y disfrute!

Nutrición:

Calorías: 235

Grasa: 21g

Hidratos de carbono: 11g

Proteína: 2g

Sodio: 395 mg

Sopa de champiñones dorada

Tiempo de preparación: 15 minutos

Tiempo de cocción: 8 horas

Porciones: 6

Ingredientes:

- 1 cebolla, finamente picada
- 1 zanahoria, pelada y finamente picada
- 1 bulbo de hinojo, finamente picado
- 1 libra de hongos frescos, cortados en cuartos
- 8 tazas de caldo de verduras, caldo de ave, o comprado en la tienda
- ¼ taza de jerez seco
- 1 cucharadita de tomillo seco
- 1 cucharadita de ajo en polvo
- ½ cucharadita de sal marina
- 1/8 de cucharadita de pimienta negra recién molida

Instrucciones:

1. En tu olla de cocción lenta, combina todos los ingredientes, mezclando para combinar. Cúbranlo y pónganlo a fuego lento. Cocine durante 8 horas.

Nutrición:

Calorías: 71

Grasa: 0g

Hidratos de carbono: 15g

Fibra: 3g

Proteína: 3g

Sodio: 650 mg

Minestrone

Tiempo de preparación: 15 minutos

Tiempo de cocción: 9 horas

Porciones: 6

Ingredientes:

- 2 zanahorias, peladas y cortadas en rodajas
- 2 tallos de apio, cortados en rodajas
- 1 cebolla, picada
- 2 tazas de judías verdes, picadas
- 1 lata (16 onzas) de tomates triturados
- 2 tazas de judías cocidas, enjuagadas
- 6 tazas de caldo de ave, caldo de verduras, o comprado en la tienda
- 1 cucharadita de ajo en polvo
- 1 cucharadita de condimento italiano seco
- ¼ cucharadita de sal marina
- ¼ cucharadita de pimienta negra recién molida

- 1½ tazas de macarrones de codo de trigo integral cocidos (o en forma de pasta a elegir)
- 1 calabacín, picado

Instrucciones:

1. En la olla de cocción lenta, combine las zanahorias, el apio, la cebolla, las judías verdes, los tomates, las judías verdes, el caldo, el ajo en polvo, el condimento italiano, la sal y la pimienta en la olla de cocción lenta. Cocine a fuego lento dentro de las 8 horas. Añada los macarrones y los calabacines. Cocinar a fuego lento dentro de una hora más.

Nutrición:
Calorías: 193
Grasa: 0g
Hidratos de carbono: 39g
Fibra: 10g
Proteína: 10g
Sodio: 100 mg

Sopa de Calabaza de Butternut

Tiempo de preparación: 15 minutos

Tiempo de cocción: 8 horas

Porciones: 6

Ingredientes:

- 1 calabaza, pelada, sin semillas y cortada en cubitos
- 1 cebolla, picada
- 1 manzana agridulce (como la de Braeburn), pelada, sin corazón y picada
- 3 tazas de caldo de verduras o comprado en la tienda
- 1 cucharadita de ajo en polvo
- ½ cucharadita de salvia molida
- ¼ cucharadita de sal marina
- ¼ cucharadita de pimienta negra recién molida
- Una pizca de pimienta de cayena
- Pellizcar la nuez moscada
- ½ taza sin grasa mitad y mitad

Instrucciones:

1. En la olla de cocción lenta, combine la calabaza, la cebolla, la manzana, el caldo, el ajo en polvo, la salvia, la sal, la pimienta negra, la cayena y la nuez moscada. Cocine a fuego lento dentro de las 8 horas.
2. Usando una licuadora de inmersión, una licuadora de mesa o un procesador de alimentos, haga un puré con la sopa, añadiendo la mitad y la mitad como lo hace. Revuelva para combinar, y sirva.

Nutrición:

Calorías: 106

Grasa: 0g

Hidratos de carbono: 26g

Fibra: 4g

Proteína: 3g

Sodio: 550 mg

Sopa de frijoles negros

Tiempo de preparación: 15 minutos

Tiempo de cocción: 8 horas

Porciones: 6

Ingredientes:

- 1 libra de frijoles negros secos, remojados durante la noche y enjuagados
- 1 cebolla, picada
- 1 zanahoria, pelada y picada
- 2 jalapeños, sin semillas y cortados en cubos
- 6 tazas de caldo de verduras o comprado en la tienda
- 1 cucharadita de comino molido
- 1 cucharadita de cilantro molido
- 1 cucharadita de chile en polvo
- ½ cucharadita de pimienta de chipotle molida
- ½ cucharadita de sal marina
- ¼ cucharadita de pimienta negra recién molida
- Una pizca de pimienta de cayena

- ¼ taza de crema agria sin grasa, para adornar (opcional)
- ¼ taza de queso Cheddar rallado bajo en grasa, para adornar (opcional)

Instrucciones:

1. En su olla de cocción lenta, combine todos los ingredientes listados, y luego cocine a fuego lento durante 8 horas. Si lo desea, triture los frijoles con un triturador de papas, o haga un puré con una licuadora de inmersión, una batidora o un procesador de alimentos. Sirva con las guarniciones opcionales, si lo desea.

Nutrición:
Calorías: 320
Grasa: 3g
Hidratos de carbono: 57g
Fibra: 13g
Proteína: 18g
Sodio: 430 mg

Sopa de garbanzos y coles

Tiempo de preparación: 15 minutos

Tiempo de cocción: 9 horas

Porciones: 6

Ingredientes:

- 1 calabaza de verano, cortada en cuartos a lo largo y en rebanadas transversales
- 1 calabacín, cortado en cuartos a lo largo y en rebanadas transversales
- 2 tazas de garbanzos cocidos, enjuagados
- 1 taza de quinoa sin cocer
- 2 latas de tomates cortados en dados, con su jugo.
- 5 tazas de caldo de verduras, caldo de ave, o comprado en la tienda
- 1 cucharadita de ajo en polvo
- 1 cucharadita de polvo de cebolla
- 1 cucharadita de tomillo seco
- ½ cucharadita de sal marina
- 2 tazas de hojas de col rizada picadas

Instrucciones:

1. En su olla de cocción lenta, combine la calabaza de verano, el calabacín, los garbanzos, la quinua, los tomates (con su jugo), el caldo, el ajo en polvo, la cebolla en polvo, el tomillo y la sal. Cúbralo y cocínelo a fuego lento en un plazo de 8 horas. Añada la col rizada. Cubrir y cocinar a fuego lento durante 1 hora más.

Nutrición:

Calorías: 221

Grasa: 3g

Hidratos de carbono: 40g

Fibra: 7g

Proteína: 10g

Sodio: 124 mg

Sopa de almejas

Tiempo de preparación: 15 minutos

Tiempo de cocción: 8 horas

Porciones: 6

Ingredientes:

- 1 cebolla roja, picada
- 3 zanahorias, peladas y picadas
- 1 bulbo de hinojo y frondas, picadas
- 1 lata (10 onzas) de almejas picadas, con su jugo
- 1 libra de papas rojas pequeñas, en cuartos
- 4 tazas de caldo de ave o comprado en la tienda
- ½ cucharadita de sal marina
- 1/8 de cucharadita de pimienta negra recién molida
- 2 tazas de leche desnatada
- ¼ libra de tocino de pavo, dorado y desmenuzado, para adornar

Instrucciones:

1. En la olla de cocción lenta, combine la cebolla, las zanahorias, el bulbo y las hojas de hinojo, las almejas

(con su jugo), las patatas, el caldo, la sal y la pimienta. Cubrir y cocinar a fuego lento dentro de las 8 horas. Agregue la leche y sirva con la guarnición del tocino desmenuzado.

Nutrición:

Calorías: 172

Grasa: 1g

Hidratos de carbono: 29g

Fibra: 4g

Proteína: 10g

Sodio: 517 mg

Sopa de pollo y arroz

Tiempo de preparación: 15 minutos

Tiempo de cocción: 8 horas

Porciones: 6

Ingredientes:

- Muslos de pollo de 1 libra sin hueso y sin piel, cortados en trozos de 1 pulgada.
- 1 cebolla, picada
- 3 zanahorias, peladas y cortadas en rodajas
- 2 tallos de apio, cortados en rodajas
- 6 tazas de caldo de ave o comprado en la tienda
- 1 cucharadita de ajo en polvo
- 1 cucharadita de romero seco
- ¼ cucharadita de sal marina
- ¼ cucharadita de pimienta negra recién molida
- 3 tazas de arroz integral cocido

Instrucciones:

1. En la olla de cocción lenta, combine el pollo, la cebolla, las zanahorias, el apio, el caldo, el ajo en polvo, el

romero, la sal y la pimienta. Cúbralo y cocínelo a fuego lento dentro de las 8 horas. Añada el arroz unos 10 minutos antes de servirlo y deje que el caldo lo caliente.

Nutrición:

Calorías: 354

Grasa: 7g

Hidratos de carbono: 43g

Fibra: 3g

Proteína: 28g

Sodio: 610 mg

Tom Kha Gai

Tiempo de preparación: 15 minutos

Tiempo de cocción: 8 horas

Porciones: 6

Ingredientes:

- Muslos de pollo de 1 libra sin hueso y sin piel, cortados en trozos de 1 pulgada.
- 1 libra de hongos shiitake frescos reducidos a la mitad
- 2 cucharadas de jengibre fresco rallado
- 3 tazas de leche de coco ligera enlatada
- 3 tazas de caldo de ave o comprado en la tienda
- 1 cucharada de salsa de pescado asiático
- 1 cucharadita de ajo en polvo
- ¼ cucharadita de pimienta negra recién molida
- Jugo de 1 lima
- 2 cucharadas de cilantro fresco picado

Instrucciones:

1. En su olla de cocción lenta, combine los muslos de pollo, los champiñones, el jengibre, la leche de coco, el

caldo, la salsa de pescado, el ajo en polvo y la pimienta. Cúbralo y cocínelo a fuego lento dentro de las 8 horas. Añada el jugo de limón y el cilantro justo antes de servir.

Nutrición:

Calorías: 481

Grasa: 35g

Hidratos de carbono: 19g

Fibra: 5g

Proteína: 28g

Sodio: 160 mg

Sopa de maíz y pollo

Tiempo de preparación: 15 minutos

Tiempo de cocción: 8 horas

Porciones: 6

Ingredientes:

- Muslos de pollo de 1 libra sin hueso y sin piel, cortados en trozos de 1 pulgada.
- 2 cebollas, picadas
- 3 chiles jalapeños, sin semillas y picados
- 2 pimientos rojos, sin semillas y picados
- 1½ tazas de maíz fresco o congelado
- 6 tazas de caldo de ave o comprado en la tienda
- 1 cucharadita de ajo en polvo
- ½ cucharadita de sal marina
- ¼ cucharadita de pimienta negra recién molida
- 1 taza de leche desnatada

Instrucciones:

1. En su olla de cocción lenta, combine el pollo, las cebollas, los jalapeños, los pimientos rojos, el maíz, el

caldo, el ajo en polvo, la sal y la pimienta. Cúbralo y cocínelo a fuego lento dentro de las 8 horas. Añada la leche descremada justo antes de servir.

Nutrición:

Calorías: 236

Grasa: 6g

Hidratos de carbono: 17g

Fibra: 3g

Proteína: 27g

Sodio: 790 mg

Sopa de jengibre de pavo

Tiempo de preparación: 15 minutos

Tiempo de cocción: 8 horas

Porciones: 6

Ingredientes:

- Muslos de pavo deshuesados y sin piel de 1 libra, cortados en trozos de 1 pulgada.
- 1 libra de hongos shiitake frescos reducidos a la mitad
- 3 zanahorias, peladas y cortadas en rodajas
- 2 tazas de guisantes congelados
- 1 cucharada de jengibre fresco rallado
- 6 tazas de caldo de ave o comprado en la tienda
- 1 cucharada de salsa de soja baja en sodio
- 1 cucharadita de aceite de sésamo tostado
- 2 cucharaditas de ajo en polvo
- 1½ tazas de arroz integral cocido

Instrucciones:

1. En tu olla de cocción lenta, combina el pavo, los champiñones, las zanahorias, los guisantes, el jengibre,

el caldo, la salsa de soja, el aceite de sésamo y el ajo en polvo. Cúbralo y cocínelo a fuego lento dentro de las 8 horas. Unos 30 minutos antes de servir, agregue el arroz para calentarlo.

Nutrición:

Calorías: 318

Grasa: 7g

Hidratos de carbono: 42g

Fibra: 6g

Proteína: 24g

Sodio: 690 mg

Sopa de Boda Italiana

Tiempo de preparación: 15 minutos

Tiempo de cocción: 7 horas

Porciones: 6

Ingredientes:

- Pechuga de pavo molido de 1 libra
- 1½ tazas de arroz integral cocido
- 1 cebolla, rallada
- ¼ taza de perejil fresco picado
- 1 huevo, batido
- 1 cucharadita de ajo en polvo
- 1 cucharadita de sal marina, dividida
- 6 tazas de caldo de ave o comprado en la tienda
- 1/8 de cucharadita de pimienta negra recién molida
- Pellizcar las escamas de pimienta roja
- Una col rizada de una libra, tallos duros removidos, hojas picadas

Instrucciones:

1. En un pequeño tazón, combine la pechuga de pavo, el arroz, la cebolla, el perejil, el huevo, el ajo en polvo y ½ cucharadita de sal marina. Enrollar la mezcla en albóndigas de ½ pulgadas y ponerlas en la olla de cocción lenta.
2. Añade el caldo, la pimienta negra, los copos de pimienta roja y la restante ½ cucharadita de sal marina. Cubrir y cocinar a fuego lento durante 7 u 8 horas. Antes de servir, revuelva la col rizada. Cubrir y cocinar hasta que la col rizada se marchite.

Nutrición:

Calorías: 302

Grasa: 7g

Hidratos de carbono: 29g

Fibra: 3g

Proteína: 29g

Sodio: 320 mg

Sopa de Taco

Tiempo de preparación: 15 minutos

Tiempo de cocción: 8 horas

Porciones: 6

Ingredientes:

- Pechuga de pavo molido de 1 libra
- 1 cebolla, picada
- 1 lata de tomates y chiles verdes, con su jugo
- 6 tazas de caldo de ave o comprado en la tienda
- 1 cucharadita de chile en polvo
- 1 cucharadita de comino molido
- ½ cucharadita de sal marina
- ¼ taza de cilantro fresco picado
- Jugo de 1 lima
- ½ taza de queso Cheddar rallado bajo en grasa

Instrucciones:

1. Desmenuzar el pavo en la olla de cocción lenta. Añadir la cebolla, los tomates, los chiles verdes (con su jugo), el caldo, el chile en polvo, el comino y la sal. Cubrir y

cocinar a fuego lento dentro de las 8 horas. Añada el cilantro y el jugo de limón. Servir adornado con el queso.

Nutrición:
Calorías: 281
Grasa: 10g
Hidratos de carbono: 20g
Fibra: 5g
Proteína: 30g
Sodio: 470 mg

Sopa de salchicha italiana e hinojo

Tiempo de preparación: 15 minutos

Tiempo de cocción: 8 horas

Porciones: 6

Ingredientes:

- Salchicha italiana de pollo o pavo de 1 libra, cortada en rebanadas de ½ pulgadas
- 2 cebollas, picadas
- 1 bulbo de hinojo, picado
- 6 tazas de caldo de ave o comprado en la tienda
- ¼ taza de jerez seco
- 1½ cucharaditas de polvo de ajo
- 1 cucharadita de tomillo seco
- ½ cucharadita de sal marina
- ¼ cucharadita de pimienta negra recién molida
- Pellizcar las escamas de pimienta roja

Instrucciones:

1. En tu olla de cocción lenta, combina todos los ingredientes. Cúbrelo y cocínalo a fuego lento en 8 horas.

Nutrición:

Calorías: 311

Grasa: 22g

Hidratos de carbono: 8g

Fibra: 2g

Proteína: 18g

Sodio: 660 mg

Sopa de carne y cebada

Tiempo de preparación: 15 minutos

Tiempo de cocción: 8 horas

Porciones: 6

Ingredientes:

- 1 libra de carne molida extra-limpia
- 2 cebollas, picadas
- 3 zanahorias, peladas y cortadas en rodajas
- 1 libra de hongos frescos, cortados en cuartos
- 1½ tazas de cebada seca
- 6 tazas de caldo de carne o comprado en la tienda
- 1 cucharadita de mostaza molida
- 1 cucharadita de tomillo seco
- 1 cucharadita de ajo en polvo
- ¼ cucharadita de sal marina
- 1/8 de cucharadita de pimienta negra recién molida

Instrucciones:

1. En tu olla de cocción lenta, desmenuza la carne molida en pequeños trozos. Añade el resto de los ingredientes. Cúbranlo y cocínenlo a fuego lento dentro de las 8 horas.

Nutrición:

Calorías: 319

Grasa: 5g

Hidratos de carbono: 44g

Fibra: 11g

Proteína: 28g

Sodio: 380 mg

Lightning Source UK Ltd.
Milton Keynes UK
UKHW020654190421
382245UK00012B/683

9 781801 830874